DU DIVORCE

DES CAUSES DU DIVORCE

DE LA PROCÉDURE DU DIVORCE — DES EFFETS DU DIVORCE

DE LA SÉPARATION DE CORPS

DE LA CONVERSION DE LA SÉPARATION DE CORPS EN DIVORCE

LOIS DES 27 JUILLET 1884 ET 16-18 AVRIL 1886

PAR

Théodore COURSAULT

ANCIEN NOTAIRE

Prix : Cinq francs

PARIS

LIBRAIRIE MARESCQ JEUNE

23, RUE SOUFFLOT, 23

1889

DU

DIVORCE

DES CAUSES DU DIVORCE
DE LA PROCÉDURE DU DIVORCE — DES EFFETS DU DIVORCE
DE LA SÉPARATION DE CORPS
DE LA CONVERSION DE LA SÉPARATION DE CORPS
EN DIVORCE
LOIS DES 27 JUILLET 1884 ET 16-18 AVRIL 1886

PAR

THÉODORE COURSAULT
ANCIEN NOTAIRE

Prix : Cinq francs

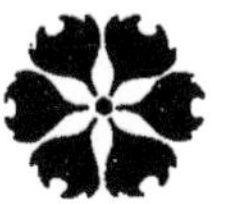

PARIS
LIBRAIRIE MARESCQ JEUNE
23, RUE SOUFFLOT, 23

1889

AVERTISSEMENT

La question du divorce, qui intéresse aujourd'hui malheureusement tant de personnes, a été traitée d'une façon toute spéciale par de nombreux jurisconsultes, dans des ouvrages s'adressant plutôt à la Magistrature qu'au public en général.

Il s'agissait donc de combler cette lacune, en mettant à la disposition de tous, un ouvrage résumant, sous une forme claire et précise, les dispositions de la loi du 27 juillet 1884 et en donnant aux personnes intéressées les notions nécessaires pour introduire toute demande en divorce, de même que les moyens pour y défendre, comme aussi en leur démontrant les conséquences du divorce, tant au point de vue des époux que de leurs biens et de leurs enfants. Tel est le but que s'est imposé l'auteur de ce livre, s'estimant heureux s'il a pu l'atteindre.

Les matières traitées en cet ouvrage sont divisées en cinq parties : — des causes du divorce; — de la procédure du divorce; — des effets du divorce; — de la séparation de corps; — et de la conversion de la séparation de corps en divorce.

En ce qui concerne la loi du 18 avril 1886, relative à la nouvelle procédure du divorce, l'auteur a cru devoir s'étendre, en raison de son importance, sur les dispositions que cette loi contient à tous les points de vue.

En effet, le Code Civil, et après lui, la loi du 27 juillet 1884, avaient établi pour le divorce une procédure spéciale, longue et compliquée. Or, au lendemain du vote de cette loi, on a reconnu que cette procédure, compliquée à l'excès dans un but très louable, était cependant remplie d'inconvénients tels qu'elle aboutissait, dans certains cas, à la négation même du droit de divorcer.

Une réforme était donc nécessaire; elle a été réalisée par la loi du 18 avril 1886. Les demandes reconventionnelles peuvent désormais être introduites par un simple acte de conclusions. L'action en divorce s'éteint par le décès de l'un des conjoints survenu avant que le jugement soit devenu irrévocable par la transcription qui en aura été faite sur les registres de l'état civil. L'opposition devient possible. Enfin la cérémonie qui avait lieu devant l'officier de l'état civil est supprimée et remplacée par la transcription sur les registres de l'état civil. Tels sont les principaux changements apportés par cette nouvelle loi.

Enfin, la loi du 27 juillet 1884, ainsi que les articles du Code Civil remis en vigueur par cette loi, et la loi du 18 avril 1886, sont rapportées dans leur entier et complètent cet ouvrage.

Paris, octobre 1889.

DU DIVORCE

Le Code Civil de 1804 permettait à la fois le *divorce* et la *séparation de corps;* aboli par la loi de 1816, le divorce a été rétabli par la loi du 27 juillet 1884, modifiée et complétée par celle des 16-18 avril 1886. Les époux peuvent donc opter aujourd'hui entre le divorce, qui entraîne la dissolution du mariage et leur permet de s'engager dans de nouveaux liens, et la séparation de corps qui laisse subsister le mariage et n'a pour effet essentiel que de permettre aux deux époux d'avoir un domicile séparé.

CHAPITRE PREMIER

DES CAUSES DU DIVORCE

La loi du 27 juillet 1884 n'admet pas le divorce par *consentement mutuel,* et ne reconnaît aux époux le droit de recourir au divorce qu'autant que leur demande a pour fondement l'une des trois causes suivantes : 1° *l'adultère;* 2° *les excès, sévices et injures graves;* 3° *la condamnation de l'un des époux à une peine afflictive et infamante.*

De l'Adultère

La loi du 27 juillet 1884, au point de vue de l'adultère, a placé les deux époux sur le pied de l'égalité, en ce sens qu'elle fait de l'adultère une cause péremptoire de divorce, aussi bien contre le mari que contre la femme, sans exiger, comme le faisait l'ancien article 230 du Code Civil (1), qu'en ce qui concerne le mari, il y ait entretien de concubine dans la maison commune.

Mais il importe d'observer que, si l'adultère du mari en quelque lieu qu'il soit commis, est aujourd'hui une cause suffisante de divorce, il continue comme par le passé à n'être un délit tombant sous l'application des peines prononcées par l'article 339 du Code Pénal (2) (100 à 2,000 francs d'amende), qu'autant qu'il y a entretien d'une concubine dans la maison conjugale, tandis que l'adultère de la femme, même en dehors du domicile commun, l'expose aux peines prononcées par l'article 337 du Code Pénal (3) (emprisonnement de trois mois à deux ans), sauf à son mari à arrêter l'effet de cette condamnation, en consentant à reprendre sa femme.

Il résulte de ce qui précède que le mari peut toujours, en procédant par voie de plainte au parquet, faire ouvrir une instruction et provoquer ainsi la mise en mouvement des officiers de police judiciaire, à fin de constatation du *flagrant délit* d'adultère de sa femme, tandis que la femme qui voudrait faire constater l'adultère de son

(1) Art. 230 C. Civ. — La femme pourra demander le divorce pour cause d'adultère de son mari, lorsqu'il aura tenu sa concubine dans la maison commune.

(2) Art. 339 C. Pénal. — Le mari qui aura entretenu une concubine dans la maison conjugale, et qui aura été convaincu sur la plainte de la femme, sera puni d'une amende de 100 francs à 2,000 francs.

(3) Art. 337 C. Pénal. — La femme convaincue d'adultère subira la peine de l'emprisonnement pendant trois mois au moins et deux ans au plus.

Le mari restera libre d'arrêter l'effet de cette condamnation, en consentant à reprendre sa femme.

mari pour se procurer une preuve décisive à l'appui de sa demande en divorce, ne peut utilement recourir à la plainte, qu'autant que l'adultère du mari a pour théâtre le domicile conjugal lui-même, puisqu'en dehors de cette circonstance, l'adultère du mari ne constitue pas un délit et n'autorise point dès lors l'ouverture d'une instruction criminelle.

Il n'est d'ailleurs point nécessaire à l'époux demandeur en divorce, de rapporter la preuve de l'adultère de son conjoint par la production d'un procès-verbal du Commissaire de Police constatant le flagrant délit; la preuve de l'adultère peut être faite par tous les moyens possibles, par lettres missives (pourvu que la partie qui les produit ne les ait point obtenues par des moyens illicites), par témoins, par présomptions graves, précises et concordantes.

Excès, Sévices ou Injures graves

Cette deuxième cause de divorce comprend les violences, les coups, les mauvais traitements, les actes d'inconduite (notamment ceux de nature à faire présumer l'adultère sans en faire preuve complète), les propos diffamatoires ou injurieux, verbaux ou écrits, le refus d'accomplissement des devoirs conjugaux, l'abandon non justifié du domicile commun, le refus d'assistance, secours ou protection, etc. La preuve de ces faits peut être rapportée par tous les moyens possibles; c'est au tribunal saisi de la demande en divorce à juger si les excès, sévices ou injures, ont un caractère de gravité suffisant pour rendre la vie commune impossible.

Condamnation de l'un des Époux à une peine afflictive et infamante

Les seules condamnations à une peine afflictive et infamante sont : la mort, — les travaux forcés à perpétuité, — la déportation, — les travaux forcés à temps, — la détention, — la réclusion.

Quand l'un des deux époux a encouru l'une de ces condamnations (qu'elle émane de la cour d'assises ou des tribunaux militaires ou maritimes), et que cette condamnation ayant acquis force de chose jugée, n'est plus susceptible d'être réformée par les voies légales ordinaires, son conjoint est en droit de demander et de faire prononcer le divorce, à charge de produire devant le tribunal saisi de sa demande une expédition de la décision portant condamnation avec un certificat du greffier constatant que cette décision n'est plus susceptible d'être réformée par les voies légales ordinaires (soit que le délai du pourvoi en cassation soit expiré, soit que le pourvoi formé ait été rejeté).

Notons que si la condamnation a été prononcée *par contumace*, ce n'est qu'après l'expiration du délai de vingt années accordé au condamné pour se représenter et se défendre, que son conjoint pourra poursuivre et obtenir le divorce, la condamnation jusque-là n'étant point définitive.

Ajoutons enfin, que si la commutation de peine et la grâce n'enlèvent pas au conjoint de l'époux condamné le droit de poursuivre le divorce, il en est autrement de l'amnistie et de la réhabilitation, qui font disparaître, soit la condamnation elle-même, soit l'infamie qui s'y attache.

Influence de la réciprocité des torts

Dans le cas où les deux époux ont été condamnés à une peine afflictive et infamante, il est admis généralement qu'ils ne peuvent, ni l'un ni l'autre, se prévaloir de leur infamie réciproque pour en faire la base d'une demande en divorce.

Mais en dehors de ces cas, la réciprocité des torts n'élève point une fin de non-recevoir contre la demande, sauf au tribunal à y puiser une cause d'atténuation des torts de l'autre époux qui peut le déterminer à repousser la demande, au moins quand celle-ci n'est pas basée sur un adultère nettement établi qui constitue en tout cas une cause péremptoire de divorce.

Si l'époux contre lequel le divorce est demandé a de son côté des griefs à faire valoir contre son conjoint, il peut former une *demande reconventionnelle* en divorce; et s'il y a des deux côtés causes suffisantes, le tribunal prononce le divorce contre les deux époux, auquel cas chacun d'eux encourt les déchéances qui frappent l'époux contre lequel le divorce est prononcé.

CHAPITRE II

DE LA PROCÉDURE DU DIVORCE

(Loi du 18 avril 1886)

A qui appartient l'Action en Divorce

Le droit de demander le divorce est un droit attaché à la personne qui, en principe, ne peut être exercé que par les époux eux-mêmes, seuls juges du point de savoir s'ils ont ou non à poursuivre la réparation des torts dont ils ont souffert.

Il en résulte :

1° Que les *héritiers* de l'époux outragé ne peuvent, ni intenter une action en divorce, ni même suivre celle qui aurait été mise en mouvement par cet époux avant son décès (nouvel article 244, § 3 C. Civ.) (1);

(1) Art. 244, § 3 C. Civ. — L'action en divorce s'éteint également par le décès de l'un des époux survenu avant que le jugement soit devenu irrévocable par la transcription sur les registres de l'état civil.

2° Que la *femme* peut poursuivre son divorce contre son mari sans avoir besoin de requérir d'abord l'autorisation de celui-ci pour entrer en justice à cette fin ;

3° Qu'en cas d'*interdiction légale*, résultant d'une condamnation, la demande à fin de divorce ne peut être introduite par le tuteur de l'interdit que sur les réquisitions ou avec l'autorisation de ce dernier (nouvel article 234, § 3 C. Civ.) (1).

Quant à l'*interdit judiciaire*, la jurisprudence tend à admettre que le divorce peut être valablement poursuivi par son tuteur, autorisé par le conseil de famille. Cependant, ce droit n'est formellement reconnu au tuteur par la loi du 18 avril 1886 qu'en matière de séparation de corps.

Elle admet aussi généralement que l'individu pourvu d'un conseil judiciaire et que le mineur émancipé, peuvent poursuivre leur divorce sans être assistés, le premier de son conseil, le second de son curateur.

Ajoutons que l'époux outragé dont le conjoint est en état d'*interdiction judiciaire* ou en état d'*absence*, est dans l'impossibilité de faire prononcer contre lui le divorce.

Du Tribunal compétent

La loi du 18 avril 1886 ne contient aucune disposition particulière concernant la compétence des tribunaux en matière d'action en divorce; il convient donc de décider, par application du droit commun, que la demande devra être portée devant le tribunal du domicile de l'époux défendeur, et à défaut de tout domicile connu, devant le tribunal de sa résidence. Notons, que la femme étant *légalement* domiciliée chez son mari, on peut dire qu'en principe le seul tribunal compétent, quelque soit celui

(1) Art. 234, § 3 C. Civ. — En cas d'interdiction légale résultant d'une condamnation, la requête à fin de divorce ne peut être présentée par le tuteur que sur la réquisition ou avec l'autorisation de l'interdit.

des deux époux qui soit demandeur en divorce, est le tribunal dans l'arrondissement duquel le mari a son domicile au jour de la demande. Toutefois, dans certains cas, la femme peut avoir légalement un domicile distinct de celui de son mari; par exemple, si elle est en service chez des tiers, ou si elle est déjà séparée de corps, le mari devra alors porter son action devant le tribunal du domicile légal de sa femme défenderesse. En dehors de ces cas exceptionnels, le mari pourra toujours valablement saisir de sa demande le tribunal de son propre domicile, sans avoir à tenir compte de la résidence de sa femme; quant à celle-ci, en cas d'abandon par le mari, elle devra saisir le tribunal du nouveau domicile de celui-ci, s'il en acquiert un, et s'il n'en acquiert pas, saisir le tribunal du dernier domicile. Ce n'est qu'au cas où le mari aurait perdu ce dernier domicile, en faisant à la Mairie, au moment de son départ, les déclarations prescrites par l'article 104 du Code Civil (1), et n'en aurait acquis aucun autre, qu'elle pourrait l'assigner devant le tribunal du lieu de sa résidence, si celle-ci était inconnue.

Notons que l'exception d'incompétence à raison du domicile doit, à peine de déchéance, être proposée par l'époux défendeur, lors de sa comparution devant le Président à fin de conciliation.

Mesures préparatoires et tentatives de conciliation devant le Président du Tribunal
Ordonnance permettant de citer devant le Tribunal

Le premier acte de la procédure en divorce est une *requête* rédigée par un *avoué,* dans laquelle sont exposés les faits servant de base à la demande.

(1) Art. 104 C. Civ. — La preuve de l'intention résultera d'une déclaration expresse, faite tant à la municipalité du lieu qu'on quittera, qu'à celle du lieu où on aura transféré son domicile.

Cette requête est remise au Président du tribunal, ou au Juge qui en fait fonction, par l'époux demandeur en personne.

En cas d'empêchement dûment constaté, le magistrat se transporte, assisté de son greffier, au domicile de l'époux demandeur.

En cas d'interdiction légale de l'époux demandeur, c'est le tuteur de l'interdit qui, avec l'autorisation de celui-ci, présente la requête.

En cas d'interdiction judiciaire, la requête est présentée par le tuteur de l'interdit, agissant avec l'autorisation du Conseil de famille.

Le Président, après avoir entendu le demandeur et lui avoir fait les observations qu'il croit convenable, ordonne au bas de la requête que les deux parties comparaîtront devant lui au jour et à l'heure qu'il indique, et commet un huissier pour notifier à l'époux défendeur la citation à fin de comparution.

Par cette même ordonnance permettant de citer le défendeur, le Président peut autoriser l'époux demandeur à *résider séparément,* en indiquant, s'il s'agit de la femme, le lieu de la résidence provisoire.

La requête et l'ordonnance sont signifiées en tête de la citation donnée à l'époux défendeur trois jours au moins avant le jour fixé pour la comparution outre les délais de distance, le tout à peine de nullité. Cette citation est délivrée par l'huissier commis par l'ordonnance sous pli fermé.

Au jour indiqué, le Président ou le Juge qui le remplace, entend les parties *en personne.* Si l'une d'elles se trouve dans l'impossibilité de se rendre auprès du Juge, ce magistrat détermine le lieu où sera tentée la conciliation, ou donne commission pour entendre le défendeur.

En cas de non conciliation ou de non comparution, il rend une ordonnance qui constate la non conciliation ou le défaut, et autorise le demandeur à assigner devant le tribunal.

Par cette ordonnance, il statue à nouveau, s'il y a lieu, sur la *résidence de l'époux demandeur,* sur la *garde provisoire des enfants, sur la remise des effets personnels,* et il a la faculté de statuer également, s'il y a lieu, *sur la demande d'aliments.*

Cette ordonnance est exécutoire par provision ; mais l'appel contre cette ordonnance peut être interjeté immédiatement, et il cesse d'être recevable s'il n'est formé qu'après la quinzaine à dater du jour de la signification de l'ordonnance.

Par le fait de cette ordonnance, la femme est autorisée à faire toutes les procédures pour la conservation de ses droits, et à ester en justice jusqu'à la fin de l'instance et des opérations qui en sont la suite.

Lorsque le tribunal est saisi, les mesures provisoires prescrites par le Juge dans son ordonnance peuvent être modifiées ou complétées au cours de l'instance par jugement du tribunal, sans préjudice des droits qu'a toujours le Juge de statuer, en tout état de cause, en référé, sur la résidence de la femme.

Le Juge, suivant les circontances, avant d'autoriser le demandeur à citer son conjoint devant le tribunal, peut ajourner les parties à un délai qui n'excède pas vingt jours, sauf à ordonner les mesures provisoires nécessaires.

L'époux demandeur en divorce devra user de la permission de citer qui lui a été accordée par l'ordonnance du Président, dans un délai de vingt jours à partir de cette ordonnance. Faute par lui d'avoir usé de cette permission dans ledit délai, les mesures provisoires ordonnées à son profit cesseront de plein droit.

De l'Instance devant le Tribunal

Une fois la cause portée devant le tribunal, en vertu de la citation délivrée à l'époux demandeur, conformément à l'ordonnance rendue par le Président, cette cause est instruite et jugée dans la forme ordinaire, le ministère public entendu.

Le demandeur peut en tout état de cause, transformer sa demande en divorce en demande en séparation de corps. Mais, à l'inverse, on admet généralement qu'il ne pourrait pas transformer sa demande en séparation en demande en divorce.

Les demandes *reconventionnelles* en divorce (c'est-à-dire celles par lesquelles l'époux défendeur conclut lui-même au divorce contre son conjoint), peuvent être introduites par un simple acte de conclusions. La jurisprudence tend également à admettre, que l'époux défendeur à une demande principale en divorce, peut demander reconventionnellement par voie de conclusions la séparation de corps, et même que l'époux défendeur à une demande principale en séparation peut, par voie reconventionnelle, demander le divorce.

Lorsqu'il y a lieu à *enquête*, c'est-à-dire, lorsque les faits articulés à l'appui de la demande ne sont pas suffisamment établis, et que le demandeur offre d'en rapporter la preuve par témoins, elle est faite dans la forme ordinaire. Toutefois, par exception au droit commun, les parents, autres que les descendants et les domestiques des époux, peuvent être entendus comme témoins.

Les tribunaux peuvent ordonner le huis clos. La reproduction des débats par la voie de la presse dans les instances en divorce est interdite sous peine de l'amende de 100 à 2,000 francs édictée par l'article 39 de la loi du 30 juillet 1881.

Mesures provisoires au cours de l'Instance en Divorce

Mesures relatives aux Enfants

Au cours de l'instance, et avant de statuer sur le fond de la demande en divorce, le tribunal peut, soit sur la demande de l'une des parties intéressées, soit sur celle de l'un des membres de la famille, soit sur les réquisitions du ministère public, soit même d'office, ordonner toutes les mesures provisoires (en modifiant par conséquent s'il y a lieu celles prescrites par l'ordonnance du Président) qui lui paraissent nécessaires dans l'intérêt des enfants (garde, éducation, droits de visite de l'époux à qui la garde n'est pas confiée, etc.).

Mesures relatives aux Époux

Le tribunal statue aussi sur les demandes relatives aux *pensions alimentaires* pour la durée de l'instance, sur les provisions *ad litem* (nécessaires pour faire face aux frais de justice), et sur toutes les autres mesures urgentes.

Parmi ces mesures urgentes, on peut citer celles concernant la *résidence* de la femme; mais nous rappelons que sur ce point, la femme qui veut changer la résidence qui lui a été primitivement indiquée, peut en tout état de cause s'adresser au juge des référés.

La femme est tenue de justifier de sa résidence dans la maison indiquée, toutes les fois qu'elle en est requise. A défaut de cette justification, le mari peut refuser la pension alimentaire.

Mesures relatives aux Biens

L'un ou l'autre des époux peut, dès la première ordonnance, et sur l'autorisation du Juge donnée à la charge d'en référer, prendre pour la garantie de ses droits, des mesures conservatoires, notamment requérir l'apposition des scellés sur les biens de la communauté.

Le même droit appartient à la femme, même non commune, pour la conservation de ceux de ses biens dont le mari a l'administration ou la jouissance.

Les scellés sont levés à la requête de la partie la plus diligente.

Les objets et valeurs sont inventoriés et prisés.

L'époux qui est en possession est constitué gardien judiciaire, à moins qu'il n'en soit décidé autrement.

En dehors de ces mesures conservatoires que chacun des époux est maître de provoquer pour sauvegarder ses droits, la loi, dans l'intérêt de la femme dispose : que toute obligation contractée par le mari à la charge de la communauté, toute aliénation par lui faite des immeubles qui en dépendent, postérieurement à la date de la première ordonnance rendue par le Président, sera déclarée nulle, s'il est prouvé d'ailleurs qu'elle a été faite ou contractée en fraude des droits de la femme.

Des fins de non-procéder et de non-recevoir contre la demande en Divorce Abandon par la femme demanderesse de la résidence à elle assignée

Nous avons vu plus haut que la femme est tenue de justifier à toute époque au cours de l'instance, de sa résidence dans la maison qui lui a été indiquée; à défaut de cette justification, si la femme est demanderesse, le mari peut la faire déclarer *non recevable à continuer ses poursuites.*

Notons qu'il ne s'agit là que d'une fin de non-procéder consistant dans la suspension des poursuites exercées par la femme qui peut d'ailleurs les reprendre, lorsque sa situation, au regard de l'obligation qui lui incombe relativement à sa résidence, a été régularisée.

Réconciliation

L'action en divorce s'éteint par la réconciliation des époux survenue, soit depuis les faits allégués dans la demande, soit depuis cette demande.

Dans l'un et l'autre cas, le demandeur est déclaré non recevable dans son action.

Il peut néanmoins en intenter une nouvelle pour cause survenue ou découverte depuis la réconciliation, et se prévaloir des anciennes causes à l'appui de sa nouvelle demande.

En un mot, la réconciliation qui suppose le pardon de l'injure, efface tous les griefs antérieurs; mais des griefs nouveaux ou découverts postérieurement à la réconciliation font revivre les anciens.

Si l'époux demandeur auquel on oppose cette fin de non-recevoir nie qu'il y ait eu réconciliation postérieurement aux faits allégués dans la demande, c'est au défendeur qu'il appartient d'en faire la preuve par tous les moyens possibles en son pouvoir.

Décès de l'un des Époux

L'action en divorce s'éteint également par le décès de l'un des deux époux survenu avant que le jugement ne soit devenu irrévocable par la transcription sur les registres de l'état civil.

Les héritiers de l'époux décédé sont donc non recevables à continuer l'instance commencée par celui-ci, soit en demandant, soit en défendant.

Du Jugement — Jugement sur le fond Temps d'épreuve Mesure de garantie en faveur du défendeur défaillant

Une fois l'instruction terminée, le tribunal rend son jugement sur le fond, faisant droit ou non aux demandes principale et reconventionnelle, suivant qu'elles lui paraissent ou non justifiées.

Si le tribunal prononce le divorce, soit à la requête de

l'un des époux, soit à la requête des deux, il statue définitivement par ce même jugement sur la garde des enfants et les diverses mesures les concernant, ainsi que sur les pensions alimentaires; il commet aussi un notaire devant lequel les époux se retireront pour procéder à la liquidation de leur communauté ou de leurs reprises.

Lorsque la demande en divorce est basée sur la condamnation de l'un des époux à une peine afflictive ou infamante, le tribunal, lorsque la preuve de cette condamnation devenue définitive lui est rapportée, est tenu de prononcer immédiatement le divorce; mais en dehors de ce cas, le tribunal, encore bien que la demande est établie, peut, quand il croit une réconciliation possible, soumettre les époux à un certain *temps d'épreuve* avant de prononcer définitivement le divorce.

Dans ce cas, il maintient ou prescrit l'habitation séparée et les mesures provisoires pendant un délai qui ne peut excéder *six mois*.

Après le délai fixé par le tribunal, si les époux ne se sont pas réconciliés, chacun d'eux peut faire citer l'autre à comparaître devant le tribunal dans le délai de la loi pour entendre prononcer le jugement de divorce.

En ce qui concerne le *défendeur défaillant*, la loi prescrit en outre certaines mesures de garantie destinées à prévenir toute surprise.

En premier lieu, lorsque l'assignation n'a pas été délivrée à la partie défenderesse *en personne*, le tribunal peut, avant de prononcer par défaut le jugement sur le fond, ordonner l'insertion dans les journaux d'un avis destiné à faire connaître à cette partie la demande dont elle a été l'objet.

En outre, le jugement ou l'*arrêt* qui prononce le divorce par défaut est signifié par huissier commis, et si cette signification n'a pas été faite à la personne même du défendeur défaillant, le président ordonne sur simple requête, la publication du jugement par extrait dans les journaux qu'il désigne.

Des voies de recours contre les Jugements

Opposition

Quand le jugement a été rendu par défaut, l'opposition n'est recevable que dans le *mois* de la signification, si elle a été faite à personne, et dans le cas contraire (c'est-à-dire si elle a été faite au domicile du défendeur par l'huissier parlant à une personne à son service) que dans les *huit mois* qui suivront le dernier acte de publication.

Appel

S'il s'agit d'un *jugement contradictoire,* celle des parties qui a succombé peut l'attaquer par la voie de l'appel, dans les délais fixés par les articles 445 et suivants du Code de Procédure Civile, c'est-à-dire dans le délai de *deux mois* à partir de la signification *à domicile.*

S'il s'agit d'un jugement par défaut, le délai de deux mois ne commence à courir qu'à partir du jour où l'opposition n'est plus recevable.

En cas d'appel, la cause s'inscrit à l'audience ordinaire et comme affaire urgente.

Les demandes reconventionnelles peuvent se produire en appel sans être considérées comme demandes nouvelles.

Cassation

Le délai de *deux mois* pour se pourvoir en cassation contre les arrêts de la cour d'appel court du jour de la signification à partie pour les arrêts contradictoires, et, pour les arrêts par défaut, du jour où l'opposition n'est plus recevable.

Contrairement au droit commun, les pourvois contre les arrêts rendus en matière de divorce sont *suspensifs.*

Le jugement ou l'arrêt qui prononce le divorce n'est pas susceptible d'*acquiescement.*

De la publicité des Jugements et Arrêts de Divorce et de leur transcription sur les Registres de l'Etat Civil

Publicité

Extrait du jugement ou de l'arrêt qui prononce le divorce est inséré aux tableaux exposés tant dans l'auditoire des tribunaux civils et de commerce que dans les chambres des avoués et notaires.

Pareil extrait est inséré dans l'un des journaux qui se publient dans le lieu où siège le tribunal, ou s'il n'y en a pas, dans l'un de ceux publiés dans le département.

Transcription

Le dispositif du jugement ou de l'arrêt est transcrit sur les registres de l'état civil du lieu où le mariage a été célébré.

Mention est faite de ce jugement ou arrêt en marge de l'acte de mariage, conformément à l'article 49 du Code Civil (1).

Si le mariage a été célébré à l'Étranger, la transcription est faite sur les registres de l'état civil du lieu où les époux avaient leur dernier domicile, et mention est faite en marge de l'acte de mariage, s'il a été transcrit en France.

La transcription est faite à la diligence de la partie qui a obtenu le divorce.

A cet effet, la décision est signifiée dans un délai de

(1) Art. 49 C. Civ. — Dans tous les cas où la mention d'un acte relatif à l'état civil devra avoir lieu en marge d'un autre acte déjà inscrit, elle sera faite à la requête des parties intéressées, par l'officier de l'état civil, sur les registres courants ou sur ceux qui auront été déposés aux archives de la commune, et par le greffier du tribunal de première instance, sur les registres déposés au greffe; à l'effet de quoi l'officier de l'état civil en donnera avis, dans les trois jours, au procureur de la République près ledit tribunal, qui veillera à ce que la mention soit faite d'une manière uniforme sur les deux registres.

deux mois, à partir du jour où elle est devenue définitive, à l'Officier de l'état civil compétent, pour être transcrite sur les registres.

A cette signification doivent être joints les certificats énoncés en l'article 548 du Code de Procédure Civile (1), et en outre, s'il y a eu arrêt, un certificat de non-pourvoi.

Cette transcription est faite par les soins de l'Officier de l'état civil, le *cinquième* jour de la réquisition, non compris les jours fériés, sous les peines édictées par l'article 50 du Code Civil (2).

A défaut par la partie qui a obtenu le divorce de faire la signification dans le premier mois, l'autre partie a le droit, concurremment avec elle, de faire cette signification dans le mois suivant.

A défaut par les parties d'avoir requis la transcription dans le délai de *deux mois*, le divorce est considéré comme nul et non avenu.

Le jugement dûment transcrit remonte, quant à ses effets entre époux, au jour de la demande.

(1) Art. 548 C. Proc. Civ. — Les jugements qui prononceront une main levée, une radiation d'inscription hypothécaire, un payement, ou quelque autre chose à faire par les tiers ou à sa charge, ne seront exécutoires par les tiers ou contre eux, même après le délai de l'opposition ou de l'appel, que sur le certificat de l'avoué de la partie poursuivante, contenant la date de la signification du jugement faite au domicile de la partie condamnée, et sur l'attestation du greffier constatant qu'il n'existe contre le jugement ni opposition ni appel.

(2) Art. 50 C. Civ. — Toute contravention aux articles précédents (voir l'art. 49 du même Code, rapporté d'autre part), de la part des fonctionnaires y dénommés, sera poursuivie devant le tribunal de première instance, et punie d'une amende qui ne pourra excéder 100 francs.

CHAPITRE III

DES EFFETS DU DIVORCE

Effets du Divorce quant à la personne des Époux

Le divorce dissout complètement le mariage et permet en principe aux époux divorcés de s'engager dans de nouveaux liens.

Toutefois, la *femme divorcée* ne peut se remarier que dix mois après que le divorce sera devenu définitif (date de la transcription sur les registres de l'état civil). Il résulte de cette prohibition que l'Officier de l'état civil doit refuser de procéder au mariage de la femme divorcée avant l'expiration de ce délai, mais si en fait le mariage avait été célébré, il ne serait pas nul.

En outre, dans le cas de divorce admis en justice pour cause d'*adultère*, l'époux coupable ne peut jamais se remarier avec son *complice*. Cette prohibition, comme la précédente, si en fait elle est enfreinte, n'entraîne pas la nullité du mariage ; mais il appartient à l'Officier de l'état civil de refuser de procéder au mariage de l'époux divorcé avec son complice, quand ce dernier est nommé, ou au moins désigné comme tel par le jugement de divorce, ou par l'ensemble des faits et circonstances de la cause. Toute personne intéressée à ce que le nouveau mariage ne soit pas célébré, peut informer officieusement l'Officier de l'état civil.

Les époux divorcés peuvent aussi se *réunir et se remarier* entre eux ; mais à défaut d'une nouvelle célébration de mariage, leur réunion ne serait qu'un concubinage. En ce cas, les époux ne peuvent adopter un régime matrimonial autre que celui qui réglait originairement leur union. En outre, après leur réunion, il ne sera reçu de leur part aucune nouvelle demande de divorce pour quelque cause que ce soit, autre que celle d'une condamnation à une peine afflictive et infamante prononcée contre l'un des époux depuis leur réunion.

Il est toutefois un cas où les époux divorcés ne peuvent se remarier entre eux, c'est celui où l'un des deux a, postérieurement au divorce, contracté un nouveau mariage suivi d'un second divorce.

Dans l'état actuel de la législation et de la jurisprudence, la question de savoir si la femme divorcée peut continuer à porter le nom de son mari, ou si celui-ci peut ajouter à son nom celui de sa femme, est une question de fait laissée à l'appréciation des tribunaux. Cependant, quelques décisions judiciaires ont jugé que l'interdiction pour la femme de porter le nom de son mari, résultait de plein droit de l'admission du divorce.

Effets du Divorce quant aux biens

Le divorce, en même temps qu'il rompt le mariage, met fin au régime matrimonial sous lequel s'étaient placés les époux. Il est procédé à la liquidation de la communauté ou des reprises, et chacun des époux reprend la libre disposition de ses biens personnels.

Mais quand les époux se sont consenti, soit par leur contrat de mariage, soit depuis le mariage, des *donations* ou autres avantages, celui contre lequel le divorce est prononcé, perd tous les avantages que l'autre époux lui avait fait, tandis que celui des époux qui obtient le divorce, conserve les avantages à lui faits par l'autre, qu'ils aient été stipulés réciproquement par le contrat de mariage et que la réciprocité n'ait pas lieu.

En outre, quand l'*époux qui a obtenu le divorce* n'a pas de ressources suffisantes pour assurer sa subsistance, le tribunal peut lui accorder sur les biens de l'autre époux, une *pension alimentaire* qui ne peut excéder le tiers des revenus de celui-ci. Cette pension due par l'époux coupable, est d'ailleurs révocable, dans le cas où elle cesse d'être nécessaire par suite du retour à meilleure fortune de son conjoint (art. 301 C. Civ.) (1).

La jurisprudence semble admettre que cette pension, après le décès de l'époux coupable, doit continuer à être servie par ses héritiers.

Quand le divorce est prononcé à la fois contre les deux époux, l'un et l'autre perdent les avantages matrimoniaux qu'ils avaient pu se faire, et ne peuvent se réclamer mutuellement aucune pension alimentaire. Ils ne se trouvent pas en effet dans le cas prévu par l'article 301 du Code Civil ci-dessus analysé, qui suppose la pension réclamée à l'époux coupable par l'époux innocent; et d'autre part, ils ne peuvent pas, pour prétendre à une créance d'aliments, s'appuyer sur les devoirs d'assistance incombant aux époux durant le mariage (art. 212 C. Civ.) (2), puisque le divorce, à la différence de la séparation de corps, rompt complètement le mariage.

Effets du Divorce quant aux Enfants

Les enfants sont confiés en principe à l'époux qui a obtenu le divorce; — mais cette règle n'a rien d'absolu, et le tribunal, sur la demande de la famille ou du ministère public, peut ordonner, pour le plus grand avantage des enfants, que tous, ou quelques-uns d'entre eux, seront confiés aux soins, soit de l'autre époux, soit d'une tierce personne.

Quelle que soit la personne à laquelle les enfants sont confiés, les père et mère conservent respectivement

(1) Art. 301 C. Civ. — Si les époux ne s'étaient fait aucun avantage, ou si ceux stipulés ne paraissaient pas suffisants pour assurer la subsistance de l'époux qui a obtenu le divorce, le tribunal pourra lui accorder, sur les biens de l'autre époux, une pension alimentaire, qui ne pourra excéder le tiers des revenus de cet autre époux. Cette pension sera révocable dans le cas où elle cesserait d'être nécessaire.

(2) Art. 212 C. Civ. — Les époux se doivent mutuellement fidélité, secours et assistance.

le droit de surveiller l'entretien et l'éducation de leurs enfants, et sont tenus d'y contribuer à proportion de leurs facultés.

Notons d'ailleurs, que les mesures ordonnées par le jugement de divorce concernant les enfants, n'ont rien d'irrévocable et peuvent, au bout d'un certain temps, si les circonstances ont changé, recevoir des modifications qui seront ordonnées par un nouveau jugement.

Ajoutons, que sous réserve du droit de garde qui peut être attribué à la mère, la puissance paternelle est maintenue entre les mains du père, qui conserve le droit de consentir à l'émancipation des enfants, à leur mariage, etc. Aux termes de l'article 386 du Code Civil (1), celui des époux contre lequel le divorce avait été prononcé, ne pouvait prétendre à *l'usufruit légal* des biens de ses enfants, mais cette disposition ayant été implicitement abrogée par la loi de 1816 et n'ayant pas été rétablie par les lois qui ont rétabli le divorce, il est permis de penser qu'on ne pourrait opposer à l'époux contre lequel le divorce a été prononcé, la déchéance résultant de cet article 386.

(1) Art. 386 C. Civ. — Cette jouissance n'aura pas lieu au profit de celui des père et mère contre lequel le *divorce* aurait été prononcé; et elle cessera à l'égard de la mère dans le cas d'un second mariage.

CHAPITRE IV

DE LA SÉPARATION DE CORPS

Dans le cas où il y a lieu de demander le divorce, il sera libre aux époux de former une demande en séparation de corps. C'est dire que les *causes* de séparation sont exactement les mêmes que celles du divorce.

Au point de vue de *ses effets*, la séparation diffère profondément du divorce, puisqu'au lieu de dissoudre le mariage, elle ne fait qu'en relâcher les liens, en permettant aux époux séparés d'avoir un domicile séparé, et en les plaçant, quelque soit le régime matrimonial antérieur, sous le régime de *la séparation de biens.*

Le mariage subsistant, les devoirs de fidélité, de secours, d'assistance subsistent après la séparation; la femme reprend, il est vrai, l'administration de sa fortune personnelle, mais étant placée sous le régime de la séparation de biens, elle ne peut ni disposer de ses biens, ni citer en justice sans l'autorisation de son mari.

De ce que le devoir d'assistance et de secours survit à la séparation de corps, celui des époux qui est dans le besoin a droit à une *pension alimentaire*, alors même que la séparation aurait été prononcée contre lui.

En ce qui concerne les effets de la séparation de corps relativement *aux enfants*, ils sont les mêmes que ceux en matière de divorce.

Quant à la *procédure*, la demande en séparation est réglementée par les articles 875 à 880 du Code de Procédure Civile (1), complétés par le nouvel article 236 du

(1) Art. 875 C. Proc. Civ. — L'époux qui voudra se pourvoir en séparation de corps sera tenu de présenter au tribunal de son domicile, sa requête contenant sommairement les faits; il y joindra les pièces à l'appui, s'il y en a.

Art. 876. — La requête sera répondue d'une ordonnance portant que les parties comparaîtront devant le Président au jour qui sera indiqué par ladite ordonnance.

Code Civil[1], qui permet au Président, sur la première requête qui lui est présentée, d'autoriser l'époux demandeur à résider séparément, et par le nouvel article 244 du Code Civil[2], qui fait de la *réconciliation* survenue depuis les faits allégués dans la demande, une fin de non-recevoir contre cette demande.

La loi des 16-18 avril, en même temps qu'elle déclare les articles 236 et 244 du Code Civil applicables à la séparation de corps, dispose expressément que le tuteur de la personne judiciairement interdite peut, avec l'autorisation du conseil de famille, présenter la requête et suivre l'instance à fin de séparation.

Quant à la réconciliation survenue postérieurement au jugement qui a prononcé la séparation de corps, elle met fin à cette séparation et à ses effets légaux; il est

---

Art. 877. — Les parties seront tenues de comparaître en personne, sans pouvoir se faire assister d'avoués ni de conseils.

Art. 878. — Le président fera aux deux époux les représentations qu'il croira propres à opérer un rapprochement; s'il ne peut y parvenir, il rendra ensuite de la première ordonnance, une seconde portant qu'attendu qu'il n'a pu concilier les parties, il les renvoie à se pourvoir, sans citation préalable, au bureau de conciliation; il autorisera par la même ordonnance la femme à procéder sur la demande et à se retirer provisoirement dans telle maison dont les parties seront convenues, ou qu'il indiquera d'office; il ordonnera que les effets à l'usage journalier de la femme lui seront remis. Les demandes en provision seront portées à l'audience.

Art. 879. — La cause sera instruite dans les formes établies pour les autres demandes, et jugée sur les conclusions du ministère public.

Art. 880. — Extrait du jugement qui prononcera la séparation sera inséré aux tableaux exposés, tant dans l'auditoire des tribunaux que dans les chambres d'avoués et de notaires.

(1) Art. 236 C. Civ. — Le juge peut, par l'ordonnance permettant de citer, autoriser l'époux demandeur à résider séparément, en indiquant, s'il s'agit de la femme, le lieu de la résidence provisoire.

(2) Art. 344 C. Civ. — L'action en divorce s'éteint par la réconciliation des époux, survenue depuis les faits allégués dans la demande, soit depuis cette demande.

Dans l'un et l'autre cas, le demandeur est déclaré non recevable dans son action; il peut néanmoins en intenter une nouvelle pour cause survenue ou découverte depuis la réconciliation et se prévaloir des anciennes causes à l'appui de la nouvelle demande.

L'action en divorce s'éteint également par le décès de l'un des époux survenu avant que le jugement soit devenu irrévocable par la transcription sur les registres de l'état civil.

toutefois un effet produit par la séparation de corps qui subsiste après la réconciliation, c'est la séparation de biens, à moins toutefois que les époux réconciliés ne déclarent expressément, par acte passé devant notaire, rétablir leurs conventions matrimoniales dans leur état primitif, conformément à l'article 1451 du Code Civil (1).

Le jugement de séparation de corps doit être lu à l'audience publique du tribunal de commerce et affiché dans les mêmes formes qu'un jugement de séparation de biens; si cette formalité n'est pas remplie, la séparation de biens n'est pas opposable aux tiers qui ont traité avec le mari.

CHAPITRE V

DE LA CONVERSION DE LA SÉPARATION DE CORPS EN DIVORCE

Lorsque la séparation de corps aura duré *trois ans*, le jugement *pourra* être converti en jugement de divorce sur la demande de l'un des époux.

Cette nouvelle demande sera introduite par assignation à huit jours francs, en vertu d'une ordonnance rendue par le Président.

Elle sera débattue en *chambre du conseil.*

---

(1) Art. 1451 C. Civ. — La communauté dissoute par la séparation soit de corps et de biens, soit de biens seulement, peut être rétablie du consentement des deux parties.

Elle ne peut l'être que par acte passé devant notaires et avec minute, dont une expédition doit être affichée dans la forme de l'article 1445.

En ce cas, la communauté rétablie reprend son effet du jour du mariage; les choses sont remises au même état que s'il n'y avait point eu de séparation, sans préjudice néanmoins de l'exécution des actes qui, dans cet intervalle, ont pu être faits par la femme en conformité de l'article 1449.

Toute convention par laquelle les époux rétabliraient leur communauté sous des conditions différentes de celles qui la réglaient antérieurement est nulle.

L'ordonnance nommera un juge rapporteur, ordonnera la communication au ministère public et fixera le jour de la comparution.

Le jugement sera rendu en audience publique.

La cause *en appel* sera débattue et jugée en chambre du conseil sur rapport, le ministère public entendu, l'arrêt sera rendu en audience publique.

Telle est la nouvelle disposition de l'article 310 du Code Civil.

Le tribunal *compétent* est celui du domicile de l'époux défendeur à la demande en conversion, conformément au droit commun.

La demande en conversion peut être faite aussi bien par l'époux contre lequel la séparation a été prononcée, que par celui qui l'a obtenue; mais elle ne peut être introduite qu'après l'expiration d'un délai de trois ans à partir du jour où le jugement de séparation de corps est devenu définitif. Il est admis par la jurisprudence, que le tribunal saisi d'une demande en conversion n'est pas tenu d'y faire droit; il dispose à cet égard d'un pouvoir souverain d'appréciation, et si la demande en conversion de divorce ne lui paraît pas suffisamment justifiée, il peut refuser de la prononcer. En fait, les tribunaux admettront moins facilement les demandes en conversion suivies à la requête de celui des époux contre lequel la séparation est prononcée, et qui n'invoque que ses propres torts pour arriver au prononcé de son divorce.

Remarquons que l'article 310 du Code Civil se place dans l'hypothèse où les époux séparés, à l'appui de leur demande en conversion, n'invoquent aucun *fait nouveau*, aucun grief survenu depuis le jugement de séparation de corps.

Dans le cas où de nouveaux griefs sont survenus, qui déterminent les époux séparés à demander leur divorce, en s'appuyant uniquement, soit sur ces causes nouvelles, soit à la fois sur ces causes et sur celles qui avaient donné lieu à la séparation de corps, ils doivent procéder par voie *d'action principale en divorce,* et non plus par voie de conversion, suivant la procédure sommaire tracée par l'article 310 du Code Civil; d'autre part, ils ne sont pas astreints à attendre l'expiration des trois ans pour faire prononcer le divorce, et peuvent au contraire introduire leur action aussitôt que les causes nouvelles se sont produites.

La question de savoir ce que devient le droit à la *pension alimentaire* après un jugement qui convertit une séparation de corps en divorce, donne lieu à de grandes difficultés.

Il est certain qu'après le divorce, la dette alimentaire ne peut plus retrouver sa base dans l'article 212 du Code Civil, mais uniquement dans l'article 301 du même code.

La solution la plus logique nous paraît être celle qui, tout en restreignant strictement l'autorité du jugement de séparation de corps à l'hypothèse où il a expressément visé l'article 301 du Code Civil, pour condamner l'époux coupable à servir à son conjoint une pension alimentaire, concède d'autre part à l'époux offensé le droit de se prévaloir de cet article 301, soit au cours de l'instance en conversion, soit en introduisant une demande spéciale après le divorce prononcé et transcrit.

DISPOSITIONS TRANSITOIRES

Les instances en séparation de corps qui étaient pendantes devant les tribunaux au moment de la loi du 27 juillet 1884, peuvent être converties par le *demandeur* (principal ou reconventionnel) en instance en divorce. Cette conversion peut être demandée même en cour d'appel. La procédure spéciale de divorce sera suivie à partir du dernier acte valable de la procédure de séparation de corps.

Peuvent aussi être convertis en jugement de divorce, comme il est dit en l'article 310 du Code Civil sus-analysé, tous jugements de séparation de corps antérieurs à la promulgation de la loi des 16-18 avril 1886, devenus définitifs depuis trois ans.

APPENDICE

LOI SUR LE DIVORCE

du 27 juillet 1884

(Promulguée au *Journal officiel* le 29 juillet 1884.)

ARTICLE PREMIER.

La loi du 8 mai 1816 est abrogée.

Les dispositions du Code Civil abrogées par cette loi sont rétablies, à l'exception de celles qui sont relatives au divorce par consentement mutuel, et avec les modifications suivantes, apportées aux articles 230, 232, 234, 235, 261, 263, 295, 296, 298, 299, 306, 307 et 310.

Art. 230. — La femme pourra demander le divorce pour cause d'adultère de son mari.

Art. 232. — La condamnation de l'un des époux à une peine afflictive et infamante sera pour l'autre époux une cause de divorce.

CHAPITRE II

De la procédure du divorce.

SECTION PREMIÈRE

Des formes du divorce.

Art. 234. — La demande en divorce ne pourra être formée qu'au tribunal de l'arrondissement dans lequel les époux auront leur domicile.

Art. 235. — Si quelques-uns des faits allégués par l'époux demandeur donnent lieu à une poursuite criminelle de la part du ministère public, l'action en divorce restera suspendue jusqu'après la décision de la juridiction répressive : alors elle pourra être reprise sans qu'il soit permis d'inférer de cette décision aucune fin de non-recevoir ou exception préjudicielle contre l'époux demandeur.

Art. 261. — Lorsque le divorce sera demandé par la raison qu'un des époux est condamné à une peine afflictive et infamante, les seules formalités à observer consisteront à présenter au tribunal de première instance une expédition en bonne forme de la décision portant condamnation, avec un certificat du greffier constatant que cette décision n'est plus susceptible d'être réformée par les voies légales ordinaires. Le certificat du greffier devra être visé par le procureur général ou par le procureur de la République.

Art. 263. — L'appel ne sera recevable qu'autant qu'il aura été interjeté dans les deux mois à compter du jour de la signification du jugement rendu contradictoirement ou par défaut. Le délai pour se pourvoir à la Cour de cassation contre un jugement en dernier ressort sera aussi de deux mois à compter de la signification. Le pourvoi sera suspensif.

SECTION II

Des mesures provisoires auxquelles peut donner lieu la demande en divorce.

. . . .

SECTION III

Des fins de non-recevoir contre l'action en divorce.

. . . .

CHAPITRE III

Des effets du divorce.

Art. 295. — Les époux divorcés ne pourront plus se réunir, si l'un ou l'autre a, postérieurement au divorce, contracté un nouveau mariage suivi d'un second divorce. Au cas de réunion des époux, une nouvelle célébration du mariage sera nécessaire.

Les époux ne pourront adopter un régime matrimonial autre que celui qui réglait originairement leur union.

Après la réunion des époux, il ne sera reçu de leur part aucune nouvelle demande de divorce, pour quelque cause que ce soit, autre que celle d'une condamnation à une peine afflictive et infamante prononcée contre l'un d'eux depuis leur réunion.

Art. 296. — La femme divorcée ne pourra se remarier que dix mois après que le divorce sera devenu définitif.

Art. 298. — Dans le cas de divorce admis en justice pour cause d'adultère, l'époux coupable ne pourra jamais se marier avec son complice.

Art. 299. — L'époux contre lequel le divorce aura été prononcé perdra tous les avantages que l'autre époux lui avait faits, soit par contrat de mariage, soit depuis le mariage.

CHAPITRE IV

De la séparation de corps.

Art. 306. — Dans le cas où il y a lieu à demande en divorce, il sera libre aux époux de former une demande en séparation de corps.

Art. 307. — Elle sera intentée, instruite et jugée de la même manière que toute autre action civile.

Art. 310. — Lorsque la séparation de corps aura duré trois ans, le jugement pourra être converti en jugement de divorce sur la demande formée par l'un des époux.

Cette nouvelle demande sera introduite par assignation, à huit jours francs, en vertu d'une ordonnance rendue par le Président.

Elle sera débattue en chambre du conseil.

L'ordonnance nommera un juge rapporteur, ordonnera la communication au ministère public et fixera le jour de la comparution.

Le jugement sera rendu en audience publique.

Sont abrogés les articles 233, 275 à 294, 297, 305, 308 et 309 du Code Civil.

ART. 2.

Le paragraphe ajouté à l'article 312 du Code Civil par la loi du 6 décembre 1850 est modifié comme il suit :

« En cas de jugement ou même de demande soit de divorce, soit de séparation de corps, le mari pourra désavouer l'enfant qui sera né trois cents jours après la décision qui aura autorisé la femme à avoir un domicile séparé, et moins de cent quatre-vingts jours depuis le rejet définitif de la demande ou depuis la réconciliation. L'action en désaveu ne sera pas admise s'il y a eu réunion de fait entre les époux. »

ART. 3.

La reproduction des débats sur les instances en divorce ou en séparation de corps est interdite sous peine de l'amende de 100 à 2,000 francs édictée par l'article 39 de la loi du 30 juillet 1881.

ART. 4.

(Disposition transitoire.)

Les instances en séparation de corps pendantes au moment de la promulgation de la présente loi pourront être converties par les demandeurs en instances de divorce. Cette conversion pourra être demandée même en Cour d'appel.

La procédure spéciale au divorce sera suivie à partir du dernier acte valable de la procédure en séparation de corps.

Pourront être convertis en jugements de divorce, comme il est dit à l'article 310, tous jugements de séparation de corps devenus définitifs avant ladite promulgation.

ART. 5.

La présente loi est applicable à l'Algérie et aux colonies de la Martinique, de la Guadeloupe et de la Réunion.

La présente loi, délibérée et adoptée par le Sénat et par la Chambre des députés, sera exécutée comme loi de l'Etat.

ARTICLES REMIS EN VIGUEUR

Par la loi du 27 juillet 1884

CHAPITRE PREMIER

Des causes du divorce.

Art. 229. — Le mari pourra demander le divorce pour cause d'adultère de sa femme.

Art. 231. — Les époux pourront réciproquement demander le divorce pour excès, sévices ou injures graves, de l'un d'eux envers l'autre.

CHAPITRE II

Du divorce pour cause déterminée.

SECTION PREMIÈRE

Des formes du divorce pour cause déterminée.

Art. 236. — Toute demande en divorce détaillera les faits : elle sera remise, avec les pièces à l'appui, s'il y en a, au président du tribunal ou au juge qui en fera les fonctions, par l'époux demandeur en personne, à moins qu'il n'en soit empêché par maladie, auquel cas, sur sa réquisition et le certificat de deux docteurs en médecine ou en chirurgie, ou de deux officiers de santé, le magistrat se transportera au domicile du demandeur, pour y recevoir sa demande.

Art. 237. — Le juge, après avoir entendu le demandeur, et lui avoir fait les observations qu'il croira convenables, paraphera la demande et les pièces, et dressera procès-verbal de la remise du tout en ses mains. Ce procès-verbal sera signé par le juge et par le demandeur, à moins que celui-ci ne sache ou ne puisse signer; auquel cas il en sera fait mention.

Art. 238. — Le juge ordonnera, au bas de son procès-verbal, que les parties comparaîtront en personne devant lui, au jour et à l'heure qu'il indiquera; et qu'à cet effet, copie de son ordonnance sera par lui adressée à la partie contre laquelle le divorce est demandé.

Art. 239. — Au jour indiqué, le juge fera aux deux époux, s'ils se présentent, ou au demandeur, s'il est seul comparant, les représentations qu'il croira propres à opérer un rapprochement; s'il ne peut y parvenir, il en dressera procès-verbal, et ordonnera la communication de la demande et des pièces au ministère public, et le référé du tout au tribunal.

Art. 240. — Dans les trois jours qui suivront, le tribunal, sur le rapport du président ou du juge qui en aura fait les fonctions, et sur les conclusions du ministère public, accordera ou suspendra la permission de citer. La suspension ne pourra excéder le terme de vingt jours.

Art. 241. — Le demandeur, en vertu de la permission du tribunal, fera citer le défendeur, dans la forme ordinaire, à comparaître en personne à l'audience, à huis clos, dans le délai de la loi; il fera donner copie, en tête de la citation, de la demande en divorce et des pièces produites à l'appui.

Art. 242. — A l'échéance du délai, soit que le défendeur comparaisse ou non, le demandeur en personne, assisté d'un conseil, s'il le juge à propos, exposera ou fera exposer les motifs de sa demande; il représentera les pièces qui l'appuient, et nommera les témoins qu'il se propose de faire entendre.

Art. 243. — Si le défendeur comparaît en personne ou par un fondé de pouvoir, il pourra proposer ou faire proposer ses observations, tant sur les motifs de la demande que sur les pièces produites par le demandeur et sur les témoins par lui nommés. Le défendeur nommera, de son côté, les témoins qu'il se propose de faire entendre, et sur lesquels le demandeur fera réciproquement ses observations.

Art. 244. — Il sera dressé procès-verbal des comparutions, dires et observations des parties, ainsi que des aveux que l'une ou l'autre pourra faire. Lecture de ce procès-verbal sera donnée auxdites parties, qui seront requises de le signer; et il sera fait mention expresse de leur signature, ou de leur déclaration de ne pouvoir ou de ne vouloir signer.

Art. 245. — Le tribunal renverra les parties à l'audience publique, dont il fixera le jour et l'heure; il ordonnera la communication de la procédure au ministère public, et commettra un rapporteur. Dans le cas où le défendeur n'aurait pas comparu, le demandeur sera tenu de lui faire signifier l'ordonnance du tribunal, dans le délai qu'elle aura déterminé.

Art. 246. — Au jour et à l'heure indiqués, sur le rapport du juge commis, le ministère public entendu, le tribunal statuera d'abord sur les fins de non-recevoir, s'il en a été proposé. En cas qu'elles soient trouvées concluantes, la demande en divorce sera rejetée : dans le cas contraire, ou s'il n'a pas été proposé de fins de non-recevoir, la demande en divorce sera admise.

Art. 247. — Immédiatement après l'admission de la demande en divorce, sur le rapport du juge commis, le ministère public entendu, le tribunal statuera au fond. Il fera droit à la demande, si elle lui paraît en état d'être jugée; sinon, il admettra le demandeur à la preuve des faits pertinents par lui allégués, et le défendeur à la preuve contraire.

Art. 248. — A chaque acte de la cause, les parties pourront, après le rapport du juge, et avant que le ministère public ait pris la parole, proposer ou faire proposer leurs moyens respectifs, d'abord sur les fins de non-recevoir, et ensuite sur le fond; mais en aucun cas le conseil du demandeur ne sera admis, si le demandeur n'est pas comparant en personne.

Art. 249. — Aussitôt après la prononciation du jugement qui ordonnera les enquêtes, le greffier du tribunal donnera lecture de la partie du procès-verbal qui contient la nomination déjà faite des témoins que les parties se proposent de faire entendre. Elles seront averties par le président, qu'elles peuvent encore en désigner d'autres, mais qu'après ce moment elles n'y seront plus reçues.

Art. 250. — Les parties proposeront de suite leurs reproches respectifs contre les témoins qu'elles voudront écarter. Le tribunal statuera sur ces reproches, après avoir entendu le ministère public.

Art. 251. — Les parents des parties, à l'exception de leurs enfants et descendants, ne sont pas reprochables du chef de la parenté, non plus que les domestiques des époux, en raison de cette qualité; mais le tribunal aura tel égard que de raison aux dépositions des parents et des domestiques.

Art. 252. — Tout jugement qui admettra une preuve testimoniale, dénommera les témoins qui seront entendus, et déterminera le jour et l'heure auxquels les parties devront les présenter.

Art. 253. — Les dépositions des témoins seront reçues par le tribunal séant à huis clos, en présence du ministère public, des parties, et de leurs conseils ou amis, jusqu'au nombre de trois de chaque côté.

Art. 254. — Les parties, par elles ou par leurs conseils, pourront faire aux témoins telles observations et interpellations qu'elles jugeront à propos, sans pouvoir néanmoins les interrompre dans le cours de leurs dépositions.

Art. 255. — Chaque déposition sera rédigée par écrit, ainsi que les dires et observations auxquels elle aura donné lieu. Le procès-verbal d'enquête sera lu tant aux témoins qu'aux parties : les uns et les autres seront requis de le signer; et il sera fait mention de leur signature, ou de leur déclaration qu'ils ne peuvent ou ne veulent signer.

Art. 256. — Après la clôture des deux enquêtes ou de celle du demandeur, si le défendeur n'a pas produit de témoins, le tribunal renverra les parties à l'audience publique, dont il indiquera le jour et l'heure; il ordonnera la communication de la procédure au ministère public, et commettra un rapporteur. Cette ordonnance sera signifiée au défendeur, à la requête du demandeur, dans le délai qu'elle aura déterminé.

Art. 257. — Au jour fixé pour le jugement définitif, le rapport sera fait par le juge commis; les parties pourront ensuite faire, par elles-mêmes ou par l'organe de leurs conseils, telles observations qu'elles jugeront utiles à leur cause; après quoi le ministère public donnera ses conclusions.

Art. 258. — Le jugement définitif sera prononcé publiquement : lorsqu'il admettra le divorce, le demandeur sera autorisé à se retirer devant l'officier de l'état civil pour le faire prononcer.

Art. 259. — Lorsque la demande en divorce aura été formée pour cause d'excès, de sévices ou d'injures graves, encore qu'elle soit bien établie, les juges pourront ne pas admettre immédiatement le divorce. Dans ce cas, avant de faire droit, ils autoriseront la femme à quitter la compagnie de son mari, sans être tenue de le recevoir, si elle ne le juge à propos; et ils condamneront le mari à lui payer une pension alimentaire proportionnée à ses facultés, si la femme n'a pas elle-même des revenus suffisants pour fournir à ses besoins.

Art. 260. — Après une année d'épreuve, si les parties ne se sont pas réunies, l'époux demandeur pourra faire citer l'autre époux à comparaître au tribunal, dans les délais de la loi, pour y entendre prononcer le jugement définitif, qui pour lors admettra le divorce.

Art. 262. — En cas d'appel du jugement d'admission ou du jugement définitif, rendu par le tribunal de première instance en matière de divorce, la cause sera instruite et jugée par la cour d'appel, comme affaire urgente.

Art. 264. — En vertu de tout jugement rendu en dernier ressort ou passé en force de chose jugée, qui autorisera le divorce, l'époux qui l'aura obtenu sera obligé de se présenter, dans le délai de deux mois, devant l'officier de l'état civil, l'autre partie dûment appelée, pour faire prononcer le divorce.

Art. 265. — Ces deux mois ne commenceront à courir, à l'égard des jugements de première instance, qu'après l'expiration du délai d'appel; à l'égard des arrêts rendus par défaut en cause d'appel, qu'après l'expiration du délai d'opposition; et à l'égard des jugements contradictoires en dernier ressort, qu'après l'expiration du délai du pourvoi en cassation.

Art. 266. — L'époux demandeur qui aura laissé passer le délai de deux mois ci-dessus déterminé, sans appeler l'autre époux devant l'officier de l'état civil, sera déchu du bénéfice du jugement qu'il avait obtenu, et ne pourra reprendre son action en divorce, sinon pour cause nouvelle; auquel cas il pourra néanmoins faire valoir les anciennes causes.

SECTION II

Des mesures provisoires auxquelles peut donner lieu la demande en divorce.

Art. 267. — L'administration provisoire des enfants restera au mari demandeur ou défendeur en divorce, à moins qu'il n'en soit autrement ordonné par le tribunal, sur la demande soit de la mère, soit de la famille, ou du ministère public, pour le plus grand avantage des enfants.

Art. 268. — La femme demanderesse ou défenderesse en divorce pourra quitter le domicile du mari pendant la poursuite, et demander une pension alimentaire proportionnée aux facultés du mari. Le tribunal indiquera la maison dans laquelle la femme sera tenue de résider, et fixera, s'il y a lieu, la provision alimentaire que le mari sera obligé de lui payer.

Art. 269. — La femme sera tenue de justifier de sa résidence dans la maison indiquée, toutes les fois qu'elle en sera requise : à défaut de cette justification, le mari pourra refuser la provision alimentaire, et, si la femme est demanderesse en divorce, la faire déclarer non recevable à continuer ses poursuites.

Art. 270. — La femme commune en biens, demanderesse ou défenderesse en divorce, pourra en tout état de cause, à partir de la date de l'ordonnance dont il est mention en l'article 238, requérir, pour la conservation de ses droits, l'apposition des scellés sur les effets mobiliers de la communauté. Ces scellés ne seront levés qu'en faisant inventaire avec prisée, et à la charge par le mari de représenter les choses inventoriées, ou de répondre de leur valeur comme gardien judiciaire.

Art. 271. — Toute obligation contractée par le mari à la charge de la communauté, toute aliénation par lui faite des immeubles qui en dépendent, postérieurement à la date de l'ordonnance dont il est fait mention en l'article 238, sera déclarée nulle, s'il est prouvé d'ailleurs qu'elle ait été faite ou contractée en fraude des droits de la femme.

SECTION III

Des fins de non-recevoir contre l'action en divorce.

Art. 272. — L'action en divorce sera éteinte par la réconciliation des époux, survenue soit depuis les faits qui auraient pu autoriser cette action, soit depuis la demande en divorce.

Art. 273. — Dans l'un et l'autre cas, le demandeur sera déclaré non recevable dans son action; il pourra néanmoins en intenter une nouvelle pour cause survenue depuis la réconciliation, et alors faire usage des anciennes causes pour appuyer sa nouvelle demande.

Art. 274. — Si le demandeur en divorce nie qu'il y ait eu réconciliation, le défendeur en fera preuve, soit par écrit, soit par témoins, dans la forme prescrite en la première section du présent chapitre.

CHAPITRE IV

Des effets du divorce.

Art. 300. — L'époux qui aura obtenu le divorce, conservera les avantages à lui faits par l'autre époux, encore qu'ils aient été stipulés réciproques et que la réciprocité n'ait pas lieu.

Art. 301. — Si les époux ne s'étaient fait aucun avantage, ou si ceux stipulés ne paraissent pas suffisants pour assurer la subsistance de l'époux qui a obtenu le divorce, le tribunal pourra lui accorder, sur les biens de l'autre époux, une pension alimentaire, qui ne pourra excéder le tiers des revenus de cet autre époux. Cette pension sera révocable dans le cas où elle cesserait d'être nécessaire.

Art. 302. — Les enfants seront confiés à l'époux qui a obtenu le divorce, à moins que le tribunal, sur la demande de la famille, ou du ministère public, n'ordonne, pour le plus grand avantage des enfants, que tous ou quelques-uns d'eux seront confiés aux soins soit de l'autre époux, soit d'une tierce personne.

Art. 303. — Quelle que soit la personne à laquelle les enfants seront confiés, les père et mère conserveront respectivement le droit de surveiller l'entretien et l'éducation de leurs enfants, et seront tenus d'y contribuer à proportion de leurs facultés.

Art. 304. — La dissolution du mariage par le divorce admis en justice ne privera les enfants nés de ce mariage d'aucun des avantages qui leur étaient assurés par les lois, ou par les conventions matrimoniales de leurs père et mère; mais il n'y aura d'ouverture aux droits des enfants que de la même manière et dans les mêmes circonstances où ils se seraient ouverts s'ils n'y avait pas eu de divorce.

CHAPITRE V

De la séparation de corps.

Art. 311. — La séparation de corps emportera toujours la séparation de biens.

LOI SUR LA PROCÉDURE EN MATIÈRE DE DIVORCE ET DE SÉPARATION DE CORPS

du 18 avril 1886

(Promulguée au *Journal officiel* du 20 avril 1886.)

Article premier.

Les articles 234 à 252 et l'article 307 du Code Civil sont remplacés par les dispositions suivantes :

Art. 234. — L'époux qui veut former une demande en divorce présente, en personne, sa requête au président du tribunal ou au juge qui en fait fonctions.

En cas d'empêchement dûment constaté, le magistrat se transporte, assisté de son greffier, au domicile de l'époux demandeur.

En cas d'interdiction légale résultant d'une condamnation, la requête à fin de divorce ne peut être présentée par le tuteur que sur la réquisition ou avec l'autorisation de l'interdit.

Art. 235. — Le juge, après avoir entendu le demandeur et lui avoir fait les observations qu'il croit convenable, ordonne au bas de la requête que les parties comparaîtront devant lui au jour et à l'heure qu'il indique, et commet un huissier pour notifier la citation.

Art. 236. — Le juge peut, par l'ordonnance permettant de citer, autoriser l'époux demandeur à résider séparément, en indiquant, s'il s'agit de la femme, le lieu de la résidence provisoire.

Art. 237. — La requête et l'ordonnance sont signifiées en tête de la citation donnée à l'époux défendeur trois jours au moins avant le jour fixé pour la comparution, outre les délais de distance, le tout à peine de nullité.

Cette citation est délivrée par huissier commis et sous pli fermé.

Art. 238. — Au jour indiqué, le juge entend les parties en personne; si l'une d'elles se trouve dans l'impossibilité de se rendre auprès du juge, ce magistrat détermine le lieu où sera tentée la conciliation, ou donne commission pour entendre le défendeur; en cas de non conciliation ou de défaut, il rend une ordonnance qui constate la non conciliation ou le défaut et autorise le demandeur à assigner devant le tribunal.

Le juge statue à nouveau, s'il y a lieu, sur la résidence de l'époux demandeur, sur la garde provisoire des enfants, sur la remise des effets personnels, et il a la faculté de statuer également, s'il y a lieu, sur la demande d'aliments.

Cette ordonnance est exécutoire par provision; elle est susceptible d'appel dans les délais fixés par l'article 809 du Code de Procédure.

Par le fait de cette ordonnance, la femme est autorisée à faire toutes procédures pour la conservation de ses droits et à ester en justice jusqu'à la fin de l'instance et des opérations qui en sont les suites.

Lorsque le tribunal est saisi, les mesures provisoires prescrites par le juge peuvent être modifiées ou complétées au cours de l'instance, par jugement du tribunal, sans préjudice du droit qu'a toujours le juge de statuer, en tout état de cause, en référé, sur la résidence de la femme.

Le juge, suivant les circonstances, avant d'autoriser le demandeur à citer, peut ajourner les parties à un délai qui n'excède pas vingt jours, sauf à ordonner les mesures provisoires nécessaires.

L'époux demandeur en divorce devra user de la permission de citer qui lui a été accordée, par l'ordonnance du président, dans un délai de vingt jours à partir de cette ordonnance.

Faute par l'époux demandeur d'avoir usé de cette permission dans ledit délai, les mesures provisoires ordonnées à son profit cesseront de plein droit.

Art. 239. — La cause est instruite et jugée dans la forme ordinaire, le ministère public entendu.

Le demandeur peut, en tout état de cause, transformer sa demande en divorce en demande en séparation de corps.

Les demandes reconventionnelles en divorce peuvent être introduites par un simple acte de conclusions.

Les tribunaux peuvent ordonner le huis clos.

La reproduction des débats par la voie de la presse, dans les instances en divorce, est interdite, sous peine de l'amende de 100 à 2,000 francs édictée par l'article 39 de la loi du 30 juillet 1881.

Art. 240. — Le tribunal peut, soit sur la demande de l'une des parties intéressées, soit sur celle de l'un des membres de la famille, soit sur les réquisitions du ministère public, soit même d'office, ordonner toutes les mesures provisoires qui lui paraissent nécessaires dans l'intérêt des enfants.

Il statue aussi sur les demandes relatives aux aliments pour la durée de l'instance, sur les provisions et sur toutes les autres mesures urgentes.

Art. 241. — La femme est tenue de justifier de sa résidence dans la maison indiquée, toutes les fois qu'elle en est requise; à défaut de cette justification, le mari peut refuser la provision alimentaire, et, si la femme est demanderesse en divorce, la faire déclarer non recevable à continuer ses poursuites.

Art. 242. — L'un ou l'autre des époux peut, dès la première ordonnance et sur l'autorisation du juge, donnée à la charge d'en référer, prendre pour la garantie de ses droits des mesures conservatoires, notamment réquérir l'apposition des scellés sur les biens de la communauté.

Le même droit appartient à la femme même non commune, pour la conservation de ceux de ses biens dont le mari a l'administration ou la jouissance.

Les scellés sont levés à la requête de la partie la plus diligente; les objets et valeurs sont inventoriés et prisés, l'époux qui est en possession en est constitué gardien judiciaire, à moins qu'il n'en soit décidé autrement.

Art. 243. — Toute obligation contractée par le mari à la charge de la communauté, toute aliénation par lui faite des immeubles qui en dépendent, postérieurement à la date de l'ordonnance dont il est fait mention en l'article 235, sera déclarée nulle, s'il est prouvé d'ailleurs qu'elle a été faite ou contractée en fraude des droits de la femme.

Art. 244. — L'action en divorce s'éteint par la réconciliation des époux, survenue soit depuis les faits allégués dans la demande, soit depuis cette demande.

Dans l'un et l'autre cas, le demandeur est déclaré non recevable dans son action; il peut néanmoins en intenter une nouvelle pour cause survenue ou découverte depuis la réconciliation et se prévaloir des anciennes causes à l'appui de sa nouvelle demande.

L'action en divorce s'éteint également par le décès de l'un des deux époux survenu avant que le jugement soit devenu irrévocable par la transcription sur les registres de l'état civil.

Art. 245. — Lorsqu'il y a lieu à enquête, elle est faite conformément aux dispositions des articles 252 et suivants du Code de Procédure civile.

Les parents, à l'exception des descendants, et les domestiques des époux peuvent être entendus comme témoins.

Art. 246. — Lorsque la demande en divorce a été formée pour toute autre cause que celle qui est prévue par l'article 232, le tribunal, encore que cette demande soit bien établie, peut ne pas prononcer immédiatement le divorce.

Dans ce cas, il maintient ou prescrit l'habitation séparée et les mesures provisoires pendant un délai qui ne peut excéder six mois.

Après le délai fixé par le tribunal, si les époux ne se sont pas reconciliés, chacun d'eux peut faire citer l'autre à comparaître devant le tribunal dans le délai de la loi pour entendre prononcer le jugement de divorce.

Art. 247. — Lorsque l'assignation n'a pas été délivrée à la partie défenderesse en personne et que cette partie fait défaut, le tribunal peut, avant de prononcer le jugement sur le fond, ordonner l'insertion dans les journaux d'un avis destiné à faire connaître à cette partie la demande dont elle a été l'objet.

Le jugement ou l'arrêt qui prononce le divorce par défaut est signifié par huissier commis.

Si cette signification n'a pas été faite à personne, le président ordonne sur simple requête la publication du jugement par extrait dans les journaux qu'il désigne. L'opposition est recevable dans le mois de la signification, si elle a été faite à personne, et, dans le cas contraire, dans les huit mois qui suivront le dernier acte de publicité.

Art. 248. — L'appel est recevable pour les jugements contradictoires dans les délais fixés par les articles 443 et suivants du Code de Procédure civile.

S'il s'agit d'un jugement par défaut, le délai ne commence à courir qu'à partir du jour où l'opposition n'est plus recevable.

En cas d'appel, la cause s'instruit à l'audience ordinaire et comme affaire urgente.

Les demandes reconventionnelles peuvent se produire en appel, sans être considérées comme demandes nouvelles.

Le délai pour se pourvoir en cassation court du jour de la signification à partie, pour les arrêts contradictoires, et pour les arrêts par défaut, du jour où l'opposition n'est plus recevable.

Le pourvoi est suspensif.

Art. 249. — Le jugement ou l'arrêt qui prononce le divorce n'est pas susceptible d'acquiescement.

Art. 250. — Extrait du jugement ou de l'arrêt qui prononce le divorce est inséré aux tableaux exposés tant dans l'auditoire des tribunaux civils et de commerce que dans les chambres des avoués et des notaires.

Pareil extrait est inséré dans l'un des journaux qui se publient dans le lieu où siège le tribunal, ou, s'il n'y en a pas, dans l'un de ceux publiés dans le département.

Art. 251. — Le dispositif du jugement ou de l'arrêt est transcrit sur les registres de l'état civil du lieu où le mariage a été célébré.

Mention est faite de ce jugement ou arrêt en marge de l'acte de mariage, conformément à l'article 49 du Code Civil. Si le mariage a été célébré à l'étranger, la transcription est faite sur les registres de l'état civil du lieu où les époux avaient leur dernier domicile, et mention est faite en marge de l'acte de mariage, s'il a été transcrit en France.

Art. 252. — La transcription est faite à la diligence de la partie qui a obtenu le divorce; à cet effet, la décision est signifiée, dans un délai de deux mois à partir du jour où elle est devenue définitive, à l'officier de l'état civil compétent, pour être transcrite sur les registres. A cette signification doivent être joints les certificats énoncés en l'article 548 du Code de Procédure civile, et en outre, s'il y a eu arrêt, un certificat de non pourvoi.

Cette transcription est faite par les soins de l'officier de l'état civil, le cinquième jour de la réquisition, non compris les jours fériés, sous les peines édictées par l'article 50 du Code Civil.

A défaut par la partie qui a obtenu le divorce de faire la signification dans le premier mois, l'autre partie a le droit, concurremment avec elle, de faire cette signification dans le mois suivant.

A défaut par les parties d'avoir requis la transcription dans le délai de deux mois, le divorce est considéré comme nul et non avenu.

Le jugement dûment transcrit remonte, quand à ses effets entre époux, au jour de la demande.

Art. 307. — Elle (1) sera intentée, instruite et jugée de la même manière que toute autre action civile; néanmoins les articles 236 et 244 lui seront applicables : elle ne pourra avoir lieu par le consentement mutuel des époux.

Le tuteur de la personne judiciairement interdite peut, avec l'autorisation du conseil de famille, présenter la requête et suivre l'instance à fin de séparation.

ART. 2.

Le paragraphe suivant est ajouté à l'article 310 :

La cause en appel sera débattue et jugée en chambre du conseil, sur rapport, le ministère public entendu. L'arrêt sera rendu en audience publique.

ART. 3.

Le paragraphe ajouté à l'article 313 du Code Civil, par la loi du 6 décembre 1850, est modifié ainsi qu'il suit :

Art. 313. — En cas de jugement ou même de demande soit de divorce, soit de séparation de corps, le mari peut désavouer l'enfant né trois cents jours après la décision qui a autorisé la femme à avoir un domicile séparé et moins de cent quatre-vingts jours depuis le rejet définitif de la demande ou depuis la réconciliation.

L'action en désaveu n'est pas admise s'il y a eu réunion de fait entre les époux.

ART. 4.

Sont abrogés les articles 253 à 274 du Code Civil, l'article 881 du Code de Procédure civile, les articles 2, 3 et 4 de la loi du 27 juillet 1884 et toutes les dispositions contraires à la présente loi.

ART. 5.

La présente loi est applicable à l'Algérie et aux colonies de la Martinique, de la Guadeloupe et de la Réunion.

Dispositions transitoires.

ART. 6.

Les instances en séparation de corps pendantes au moment de la promulgation de la loi du 27 juillet 1884 peuvent être converties, par le demandeur, en instance de divorce.

---

(1) La séparation de corps.

Cette conversion peut être demandée même en cours d'appel.

La procédure spéciale de divorce sera suivie à partir du dernier acte valable de la procédure de séparation de corps.

Peuvent être convertis en jugements de divorce, comme il est dit en l'article 310 du Code Civil, tous jugements de séparation de corps, antérieurs à la promulgation de la présente loi, devenus définitifs depuis trois ans.

ART. 7.

La présente loi s'appliquera aux instances de divorce commencées sous l'empire de la loi du 27 juillet 1884.

La présente loi, délibérée et adoptée par le Sénat et par la Chambre des députés, sera exécutée comme loi de l'État.

TABLE DES MATIÈRES

AVERTISSEMENT — DU DIVORCE

Chapitre premier

Pages

Des causes du Divorce.................................. 1
De l'Adultère.................................. 2
Excès, Sévices ou Injures graves.................................. 3
Condamnation de l'un des Époux à une peine afflictive ou infamante.................................. 3
Influence de la réciprocité des torts.................................. 4

Chapitre II

De la procédure du Divorce.................................. 5
A qui appartient l'Action en Divorce.................................. 5
Du Tribunal compétent.................................. 6
Mesures préparatoires et tentatives de conciliation devant le Président du Tribunal.................................. 7
De l'Instance devant le Tribunal.................................. 9
Mesures provisoires au cours de l'Instance en Divorce. — Mesures relatives aux Enfants.................................. 10
Mesures relatives aux Époux.................................. 11
Mesures relatives aux Biens.................................. 11
Des fins de non-procéder et de non-recevoir contre la demande en Divorce. — Abandon par la femme demanderesse de la résidence à elle assignée.................................. 12

Pages

Réconciliation 12
Décès de l'un des Époux 13
Du Jugement. — Jugement sur le fond. — Temps d'épreuve. — Mesure de garantie en faveur du défendeur défaillant 13
Des voies de recours contre les Jugements. — Opposition 15
Appel 15
Cassation 15
De la publicité des Jugements et Arrêts de Divorce et de leur transcription sur les Registres de l'État Civil. — Publicité .. 16
Transcription 16

CHAPITRE III

Des effets du Divorce 18
Effets du Divorce quant à la personne des Époux 18
Effets du Divorce quant aux Biens 19
Effets du Divorce quant aux Enfants 20

CHAPITRE IV

De la séparation de corps 22

CHAPITRE V

De la conversion de la séparation de corps en Divorce 24
Dispositions transitoires 26

APPENDICE

Loi sur le Divorce du 27 Juillet 1884 29
Articles remis en vigueur 31
Loi sur la procédure en matière de Divorce et de séparation de corps du 18 avril 1886 36

Paris. — Imp. A. Lanier et ses Fils, 14, rue Séguier.

PARIS
Impr A. LANIER et ses Fils
14, Rue Séguier

www.ingramcontent.com/pod-product-compliance
Ingram Content Group UK Ltd.
Pitfield, Milton Keynes, MK11 3LW, UK
UKHW020450180726
13839UKWH00004B/1745

9 782329 170206